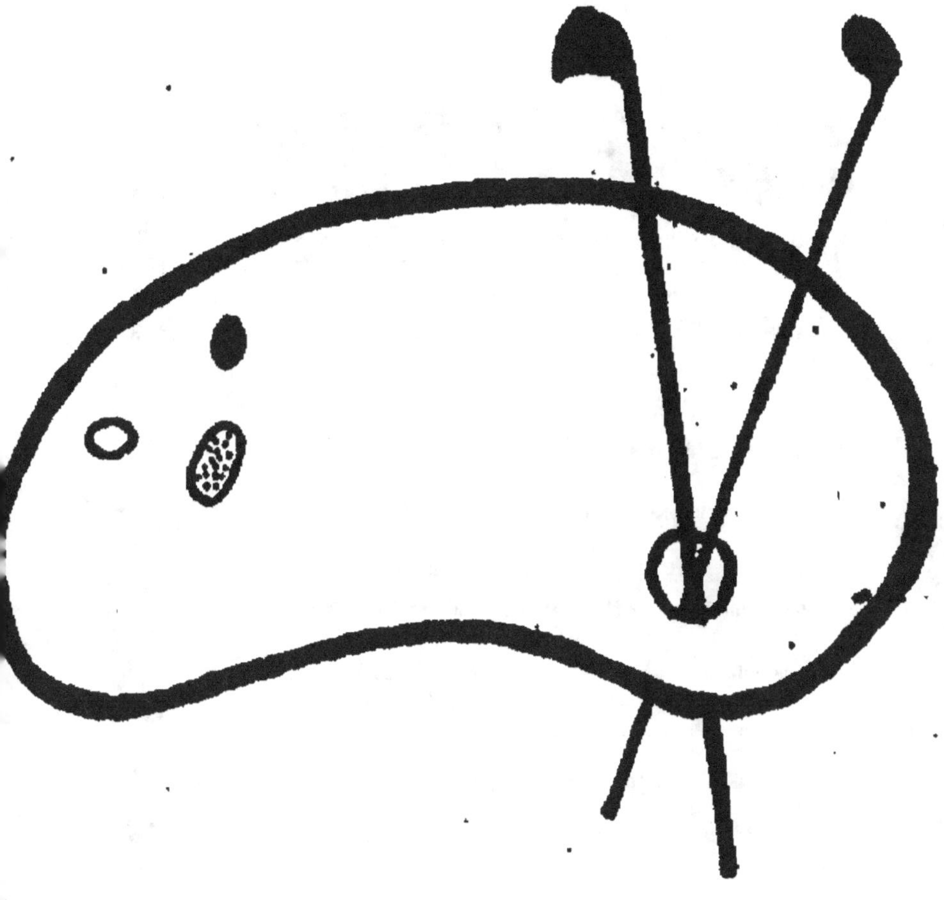

DEBUT D'UNE SERIE DE DOCUMENTS
EN COULEUR

CATALOGUE

D'UNE PRÉCIEUSE COLLECTION

DE

FAÏENCES

DES DIVERSES FABRIQUES ITALIENNES,

Des XVe & XVIe siècles,

Telles que : Luca della Robbia, Gubbio, Urbino, Faenza, &c.,

DONT LA VENTE AURA LIEU

Hôtel des Ventes Mobilières,

RUE DES JEUNEURS, N. 42 bis,
Salle n. 3,

LES VENDREDI 6 ET SAMEDI 7 MAI 1853,

heure de midi,

Par le ministère de Me **RIDEL**, Commissaire-Priseur,
rue Saint-Honoré, 335,

Assisté de M. **ROUSSEL**, Expert, rue du Dragon, n. 33.

Chez lesquels se distribue le présent Catalogue.

EXPOSITION PUBLIQUE

Le Jeudi 5 Mai 1853, de midi à quatre heures.

PARIS

MAULDE ET RENOU

IMPRIMEURS DE LA COMPAGNIE DES COMMISSAIRES-PRISEURS,

Rue de Rivoli prolongée.

1853

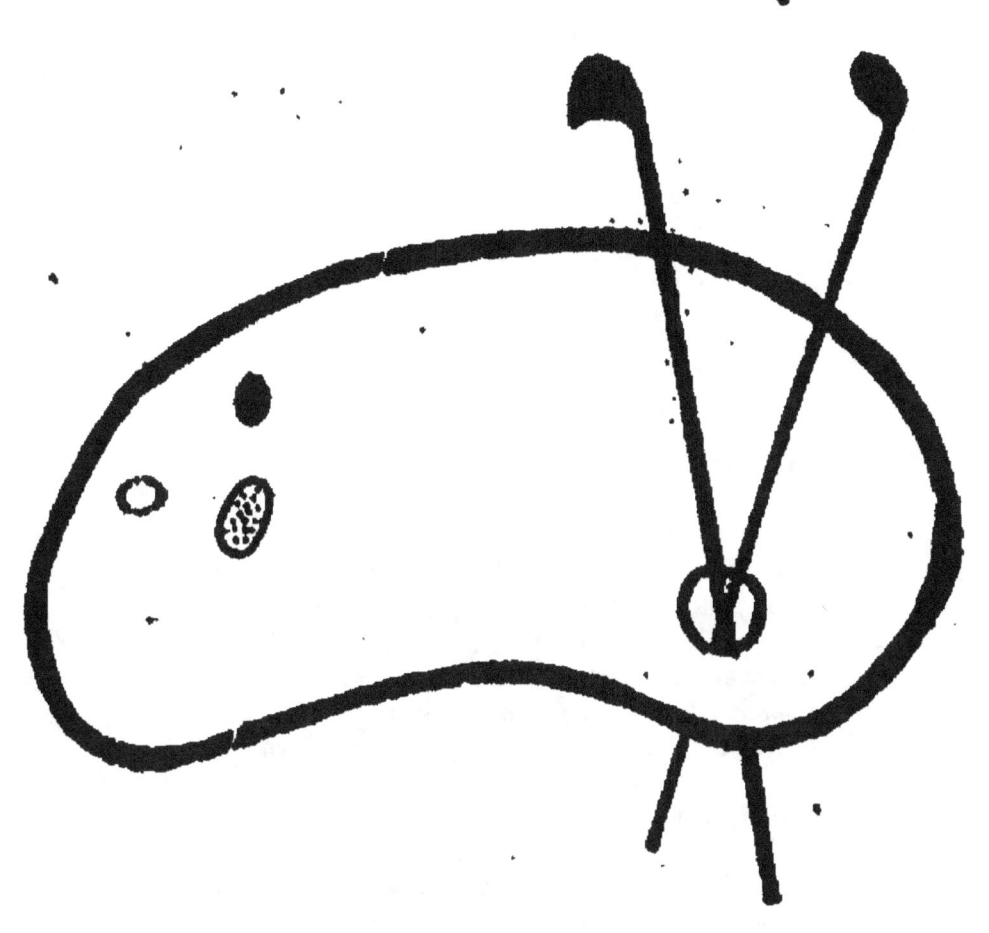

FIN D'UNE SERIE DE DOCUMENTS EN COULEUR

AVERTISSEMENT.

La collection que nous offrons en vente est toute spéciale, elle n'est composée que de produits de *l'art céramique*, circonscrit dans sa période véritablement artistique, c'est-à-dire des XVe et XVIe siècles. La spécialité des objets n'exclut pas néanmoins leur variété, car les diverses fabriques très différentes les unes des autres, sont représentées par de nombreux spécimens dont la plupart méritent le plus haut intérêt, les uns à cause de marques, de signatures et de dates, les autres par des caractères particuliers qui témoignent de leur rareté, ou de leur ancienneté très reculée. Nous n'avons pas cru dans le cours du Catalogue devoir accompagner la description des objets de leur éloge, nous serions tombés, nous osons le dire, trop souvent dans la rédite de beau, de fin, de rare. Outre la peinture céramique, notre collection offre de précieux échantillons de sculpture en terre cuite émaillée de la Robbia et d'autres. Nous terminerons en citant quelques unes des pièces les plus remarquables. Les numéros 160, 161, 162, 163, 165, sont des

DEBUT DE PAGINATION

ouvrages de la Robbia qui se recommandent par leur finesse et leur grand style, les numéros 33, 34, 35, 37, 38, 39, 43, 46, 55, 58, 150, portent les signatures avec des dates de Maestro Giorgio, de Francesco Xantho, Therci Romano; ou les noms des lieux où ont existé les plus célèbres fabriques, tels que Gubbio, Urbino, Faenza. Les numéros 63, 65, 66, 67, 69, 70, 71, 72, 76, 77, 78, sont des spécimens de fabriques inconnues, mais qui se recommandent par leur originalité et la beauté de leur décoration. Enfin les numéros 36, 48, 49, 51, 52, 56, 57, 62, sans avoir de marques distinctives sont d'un mérite tels qu'ils peuvent se passer de cet accessoire; exécutés d'après les compositions de grands maîtres, il est facile de reconnaître la main habile qui a signé les autres.

Cette collection n'a pas été ramassée en courant, mais cent vingt pièces sont le choix d'une collection qui existait à Cortona dans la Romagne et qui avait acquis, si non par le nombre, du moins par la qualité, une réputation méritée.

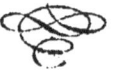

DÉSIGNATION

DES OBJETS.

PREMIÈRE VACATION.

1 — Dix plats divers seront vendus en plusieurs lots.
2 — Petit plat représentant Elisabeth venant visiter Marie.
3 — Un plat, sujet de Ruth et de Booz.
4 — Un petit plat représentant le sujet de Jacob et ses fils rapportant du blé de l'Égypte.
5 — Un petit plat arabesque colorié sur fond blanc, au milieu deux blasons. Fabrique d'Urbino.
6 — Un petit plat creux, sujet de Pyrame et Thisbé.
7 — Un autre, sujet inconnu.
8 — Un plat, sujet mythologique, l'Amour entre deux Déesses.
9 — Un plat creux représentant un prisonnier de guerre qui se rend, au revers, on lit : *Fa di me che si conviene a la tua Maesta.*
10 — Un plat à sujet, Tobie et l'Ange.
10 bis — Un plat sur lequel est un portrait de femme. Virginia.

11 — Un petit plat, sujet de l'enlèvement d'Europe.
12 — Une petite écuelle, au fond un saint Jacques pèlerin, en relief. Fabrique de Gubbio.
13 — Une petite écuelle, au fond Vénus et l'Amour.
14 — Plat à irisation, au milieu le lettre E. Fabrique de Gubbio.
15 — Plat à irisations, couvert d'ornements sur fond blanc. Fabrique ancienne de Pesaro.
16 — Petit plat creux couvert l'enroulement, au milieu un petit buste de femme à irisation nacrée et feu. Fabrique Gubbio.
17 — Un plat drageoir, figure de femme en prière, le bord orné d'arabesques sur fond bleu. Fabrique de Faenza.
18 — Plat creux moyen à pied au milieu duquel est un buste de femme, à reflets couleur feu, sur une banderole est écrit *Cintia Bella*. Fabrique de Gubbio.
19 — Autre idem sans reflets, sur la banderole on lit *Lutia Bella*.
20 — Un plat drageoir, au milieu un personnage lié à un poteau, le bord décoré d'arabesques sur fond bleu. Fabrique de Faenza.
21 — Petit plat sur lequel est peinte une tête de guerrier presque de grandeur naturelle, on lit sur une banderole *FVLIGATTO*.
22 — Un autre représentant une tête de saint Paul.
23 — Une petite coupe à pied et à reflets, dans

le fond se trouve un buste de femme. Fabrique ancienne de Pesaro.

24 — Un plat festonné, au milieu la figure de la Religion, autour des arabesques coloriées sur fond blanc. Fabrique d'Urbino.

25 — Petit plat creux représentant un buste de femme colorié sur fond bleu, sur une banderole on lit : *Lulia Bella*.

26 — Petit plat creux et à reliefs, au milieu deux petits Génies tiennent un écusson, irisation couleur feu et or. Fabrique de Gubbio.

27 — Petit plat creux en relief représentant au milieu le buste de saint Jean; à irisations. Fabrique de Gubbio.

28 — Petit plat peu profond représentant au milieu sainte Catherine, autour des arabesques sur fond bleu-jaune et orange. Fabrique de Faenza, au revers un grand B dans lequel est inscrit un O.

29 — Petit plat drageoir, au fond tête de guerrier, les bords sont décorés de fines arabesques blancs sur fond bleu.

30 — Autre du même genre, au fond un Amour à cheval déployant une banderole.

31 — Petit plat drageoir évasé, au fond un buste de femme. Fabrique de Gubbio.

32 — Petit plat couvert d'ornements à l'imitation de la mozaïque. Fabrique ancienne de Faenza.

33 — Plat forme drageoir, au fond se trouve un buste de femme avec banderole sur laquelle on lit : *Giustina*, 1529, **G. G.**,

monogramme (de Giorgio), le bord est décoré d'arabesques chimériques du plus beau style sur fond bleu; le tout est mélangé d'irisation nacrée feu et or; au revers, 1529. Fabrique de Gubbio.

34 — Plat forme drageoir, au fond est un buste de femme avec banderole sur laquelle est écrit *ipolita diva*, le bord est orné d'arabesques chimériques sur fond bleu; le tout est mélangé d'irisation couleur feu et or, au revers, 1529. Fabrique de Gubbio.

35 — Plat forme drageoir, sujet de la Ronde des Amours, d'après Raphaël; au fond un d'entre eux fait danser les autres au son d'une double flûte; irisation, feux et nacrées. Au revers on lit: 1525, M. G. (Maestro Giorgio). Fabrique de Gubbio.

36 — Un plat forme drageoir au fond duquel est une louve; sur le bord, richement décoré d'arabesques sur fond bleu, sont disposés quatre médaillons, dont deux à portraits d'empereurs et deux à trophées. Fabrique de Gubbio.

37 — Petit plat forme drageoir, au fond est un écusson armoirié, le bord est décoré d'arabesques sur fond bleu à irisations et couleur feu; au revers on lit: 1527, M. G. (c'est-à-dire Maestro Giorgio), de Gubbio (nom de la fabrique de ces sortes de faïences).

38 — Plat représentant David tranchant la tête de Goliath, en costume de chevalier, sur

son bouclier est uue tête humaine au naturel. On lit au bas sur un écriteau : DAVI. T. E. GOLIA. et au revers : M.D.XXXIII.

39 — Plat creux à irisations nacrées, représentant Astolphe à cheval entouré des Harpies qu'il chasse devant lui; au revers on lit : 1532, *Astolfho che l'Harpie persegue e scaccia nel XXX canto dil furioso D. M. L. Ariosto, Fra Xanto. A. da Rovigo. Urbino. P.*

40 — Plat creux à relief et irisations, au milieu un saint François en prière, autour des feuillages or sur fond bleu.

41 — Petit plat à relief, au milieu le petit saint Jean en pied, autour des gaudrons, à irisations. Fabrique de Gubbio.

42 — Plat irisé à ombilique, au milieu le lion de Saint-Marc en relief, sur le bord des oves saillants et des palmes, etc. Fabrique de Gubbio.

43 — Plat creux représentant le sujet de la mort de Pélias. Assistée de ses sœurs, Médée tue son père; sur le deuxième plan, elle est occupée à remuer la chaudière dans laquelle elle l'a mis bouillir, soit disant pour le rajeunir; enfin dans le ciel on voit la sorcière s'enlever dans un char traîné par deux dragons. Au revers est écrit : 1543, *la Morte di Pelias. In Urbino, P.*

44 — Un plat creux représentant le même sujet que le précédent et de la même fabrique.

45 — Un plat creux, sujet inconnu; l'action se passe devant un édifice à portique d'une belle ordonnance. On lit au revers : *Solatur Venerem dictis pater ipse dolentem.*

46 — Plat creux à irisations sur lequel est représenté le sujet de Mutius Scevola, dans le haut est une armoirie, sur le piédestal de Porsenna, on lit le monogramme S. P., au revers est écrit: 1543. *Musio che la sua destra errante cocie.*

47 — Plat creux sur lequel est peint le sujet de Laocoon par Francesco Xantho. Dans les draperies ainsi que dans le paysage sont des irisations métalliques couleur feu; au revers on lit : *Da duo gra. serpe Laoconte ucciso.* Fabrique d'Urbino.

48 — Plateau de coupe, au milieu un sujet représentant Minerve et des Nymphes faisant de la musique, la bordure et le revers sont richement décorés d'arabesques en couleur sur fond blanc. Fabrique d'Urbino.

49 — Un plateau de coupe, au milieu est un médaillon repsésentant Vénus et l'Amour, autour des arabesques en couleur sur fond blanc. Fabrique d'Urbino.

50 — Une très grande cuvette cannelée à rebords festonnés, couverte à l'intérieur et à l'extérieur d'arabesques ou grotesques en couleur sur fond blanc parmi lesquels se voyent des fleurs de lis; au fond un Amour sur un dauphin sonnant de la trompette.

51 — Un plat, déposition de croix, composition d'après Raphaël.
52 — Grand plat représentant le sujet de l'Adodoration des Mages. Belle composition dans la manière de Beccafumi.
53 — Un plat moyen en faïence italienne. Il représente Minerve devant les Muses; il porte un écusson armorié.
54 — Un grand plat en faïence représentant le sujet d'Actéon changé en cerf. Au revers est un monograme CL couronné.
55 — Plat d'une assez grande dimension représentant le sujet de l'Enlèvement d'Hélène. Cette vaste composition est traitée d'après un carton de Michel-Ange; sur une petite table, dans le bas, on lit le monogramme M. G. (Maestro Giorgio). L'artiste cette fois a voulu sortir de la manière ordinaire pratiquée à Gubbio en exécutant sans irisation comme les autres peintres de Majoliques de son temps.
56 — Grand plat, sujet de la conversion de saint Paul. Grande composition d'après Raphaël.
57 — Plat creux de moyenne dimension représentant le mariage de la Vierge. Composition d'après Raphaël, dont un des assistants représente le costume et les traits.
58 — Une écuelle dont le fond représente le Christ conduit au Calvaire par deux soldats. Composition connue d'Albert Durer; le sujet est encadré d'une riche bordure d'arabesques en couleur sur fond bleu, de

la plus grande finesse d'exécution; au revers, légèrement décoré, est écrit en toutes lettres : *In Faenza*. Bien que les faïences italiennes soient connues sous la dénomination générale de Faenza, les pièces authentiques de cette fabrique sont de la plus grande rareté.

59 — Une écuelle ayant au centre un cavalier qui pique de sa lance un cœur; le bord est orné d'arabesques bleues sur fond jaune. Fabrique de Faenza.

60 — Plat creux, sujet de l'enlèvement de Proserpine.

61 — Plat à rebords plats. Un Fleuve appuyé sur son urne, vis-à-vis une femme sortant des eaux, au milieu un Amour, par Francesco Xantho.

62 — Un plat représentant le combat des Horaces et des Curiaces, d'après le même sujet gravé par Marc de Ravenne; au revers, légèrement décoré en bleu, se trouve l'explication du sujet.

63 — Grand plat forme bassin à dessins en relief; le milieu est occupé par un animal sauvage fuyant à travers une fourrée. Pièce d'une fabrication curieuse et fort rare.

64 — Plat moyen couvert d'ornements de la même fabrique et armorié.

65 — Plat peu profond représentant le triomphe d'un empereur; les costumes, les armes des personnages indiquent l'époque la plus reculée de la fabrication des Majoliques. Cette pièce, sous ce rapport, est

du plus haut intérêt; nous la croyons de la fabrique de Faenza.

66 — Grand plat représentant un portrait de femme avec une main; elle est en riche costume du XVI° siècle; les chairs colorées se détachent sur un fond vert, deux grands chiffres se voyent à droite et à gauche de la tête, ils sont composés des lettres enlacées S.A.L. et T.E.V.P.R.K.

67 — Grand plat à irisation représentant un combat du XV° siècle. Ancienne fabrique de Pesaro.

68 — Grand plat à reflet, au milieu un saint Jérôme. Ancienne fabrique de Pesaro.

69 — Grand plat à reflet, au milieu un buste de femme avec une devise : *Chi serve un ingrato, dolor aquista*. Ancienne fabrique de Pesaro.

70 — Grand plat à reflets, au milieu un buste de femme avec une devise : *Orare segretto molto aceto a Dio*. Ancienne fabrique de Pesaro.

71 — Un grand plat irisé, au milieu un grand buste de femme avec une banderole sur laquelle on lit : *Um bel morir e tuta la vita onor*.

72 — Plat moyen ayant dans son ombilic un petit buste de femme; le reste de ce plat est rempli par des ornements tantôt peints tantôt enfoncés, à reflets feux et métalliques. Fabrique de Gubbio.

73 — Très grand plat à ombilic fond blanc et cou-

vert d'arabesques en couleur. Fabrique d'Urbino.

74 — Grand plat à ornements et arabesques en couleur, au milieu les armes d'un pape. Fabrique de Faenza.

75 — Un très grand plat style moresque, au milieu un grand aigle héraldique émaillé en bleu.

76 — Un grand plat moresque à dessins cuivreux et rosaces émaillées en bleu.

77 — Très grand plat à reflets métalliques dans le goût moresque, ayant un ombilic rayonnant dont le milieu est occupé par un blason.

78 — Grand plat à reflets dans le goût moresque, couvert d'ornements divisés par des compartiments en relief.

79 — Un grand plat, style moresque, à rosaces émaillées en bleu.

80 — Un plat moyen, style moresque, avec ombilic.

81 — Un plat style moresque avec un chiffre au milieu surmonté d'une croix.

82 — Six vases droits à anse droite en faïence fond blanc et vert, décorés de feuillages et tulipes émaillés en reliefs et dorés. Très ancienne fabrique de Perse.
Cinq plats de la même fabrique.
Ces deux lots seront divisés.

DEUXIÈME VACATION.

83 — Plats divers à ornements ou sujets.
   Ce lot sera divisé.
84 — Deux plats moyens en faïence représentant deux cavaliers.
85 — Un plat moyen représentant une Madone en pied. Très ancienne fabrique de Faenza.
86 — Un plat creux festonné, couvert de trophées jaunes sur fond bleu.
87 — Un plat du même genre.
88 — Un plateau à piédouche couvert d'ornements arabesques en couleur sur fond blanc. Fabrique d'Urbino.
89 — Deux grosses pommes en faïence coloriée.
90 — Un plat dans lequel sont disposés des fruits, etc., faïence coloriée.
91 — Un drageoir décoré d'ornements coloriés sur fond alterné jaune, vert et bleu.
92 — Un petit drageoir, dans le fond un buste d'empereur, le bord décoré de trophées sur fond bleu.
93 — Un bénitier en faïence couvert d'ornements arabesques de la fabrique d'Urbino.
94 — Un grand plat ovale fond vert, décoré d'ornements en reliefs jaunes en faïence italienne.
95 — Un plat irisé moyen décoré d'ornements moresques sur fond blanc.

96 — Six assiettes en faïence fond blanc, décorées d'arabesques et de blasons.
Ce lot sera divisé.

97 — Un grand bassin creux à reflets cuivrés dans le style moresque, en faïence, au milieu un écusson aux armes de la ville, revers orné.

98 — Un autre bassin à gaudrons légèrement saillants, le bord est orné d'arabesques également en relief. Même armoirie.

99 — Un bassin creux, style moresque, à bordures bleues, au centre un aigle héraldique.

100 — Un grand plat de même fabrique, à feuillages ton cuivreux et bleu, au centre un aigle héraldique.

101 — Un grand plat en faïence d'Italie, fond bleu et ornements à trophées, au centre un écusson représentant une tête de cheval.

102 — Deux grands plats en faïence d'Italie, à bordures en couleur; au milieu deux figures de femmes, l'une tient une banderole sur laquelle est écrit : *Lucretia speculum castitatis*.

103 — Un grand plat représentant un personnage attaché sur un char que la Fortune perce de flèches; sur une banderole on lit : *O quanta crudelta*; le sujet est encadré d'une bordure d'ornements bruns sur fond blanc. Très ancienne fabrique.

104 — Une vasque, style moresque, décorée à l'intérieur et à l'extérieur d'ornements

à reflets et de fleurs émaillées en bleu, avec le monogramme J. H. S. au fond.
105 — Un grand plat décoré de même avec le même chiffre.
106 — Un plat à bords plats, représentant une scène du déluge.
107 — Un plat représentant un sujet mythologique inconnu.
108 — Plat creux représentant un épisode de l'histoire de Psyché, dont la description se trouve au revers.
109 — Un grand plat à rebords plats, représentant les Hébreux mis à mort par l'ordre de Dieu, à cause de leur impiété, et transportés hors du camp; la description du sujet est au revers.
110 — Deux plaques ayant servi à un poêle, en terre émaillée de diverses couleurs, représentant des figures allégoriques sous des arcades. Fabrique allemande.
111 — Deux autres plaques.
112 — Un vase à anse et goulot, avec décors d'arabesques.
113 — Un petit vase indien décoré d'ornements jaunes sur fond bleu.
114 — Un vase à deux anses fond blanc, sur le devant un médaillon.
115 — Un vase forme hanape en faïence décorée d'arabesques coloriées sur fond blanc. Fabrique d'Urbino.
115 bis. — Un autre dito.
116 — Une coupe creuse à piédouche de la même fabrique.

117 — Un scaldamano en faïence italienne fond jaune, décoré d'ornements en relief.
118 — Un vase irisé en forme de pomme de pin, en faïence italienne.
119 — Un petit vase à deux anses à reflets métalliques, forme étranglée par le haut.
120 — Un petit vase forme droite sur lequel est un saint François.
121 — Deux vases à une anse et goulot, fond bleu, ornements jaunes, avec médaillon représentant une tête d'empereur romain. Fabrique française.
122 — Un vase forme potiche, des enfants jouant avec des dauphins, sur fond bleu formé par les eaux de la mer. Fabrique française.
123 — Deux vases à anse s'emplissant par dessous. Fabrique française, terre de Palissy.
124 — Un vase en forme de Syrène, en faïence en couleur.
125 — Un vase en forme de livre en faïence en couleur, ornements jaunes sur fond bleu. Fabrique de Faenza.
126 — Deux vases forme potiche couverts de trophées en couleur sur fond bleu, avec la date de 1591.
127 — Deux vases moyens à anses et couvercles couverts d'arabesques en couleur sur fond bleu, sur le devant et au goulot. Fabrique d'Urbino.
128 — Deux plus petits du même genre à une seule anse.
129 — Un vase forme cornet d'ancienne pharma-

cie ; il est décoré d'arabesques sur fond orange et porte la date de 1500. Fabrique de Faenza.

130 — Autre cornet du même genre.

131 — Deux vases cornets décorés d'ornements jaunes sur fond bleu ; sur le devant une figure. Fabrique de Faenza.

132 — Un vase forme cornet décoré d'arabesques jaunes sur fond bleu ; au milieu, sur le devant, est un buste d'homme. Fabrique de Faenza.

133 — Une bouteille de la même fabrique.

134 — Un vase à une anse, à reflets feu, ayant la forme d'un casque antique renversé ; sur le devant un grand écusson dans lequel sont deux bustes en regard ; l'un d'eux est répété dans le cimier. Pièce curieuse de la fabrique de Gubbio.

135 — Une écuelle avec son couvercle ; au fond est peinte une tête de guerrier, autour une guirlande en relief, et sur le couvercle des têtes de chérubins également en saillie.

136 — Une coupe à boire formée par une conque dont le talon est représenté par une tête chimérique ; au fond est peint un amour sur un dauphin.

137 — Une grande coupe à pied et à reflets couverte d'ornements ; au fond un buste de femme. Fabrique de Pesaro.

138 — Une grande coupe à pied et à reflets couverte d'ornements ; au fond un buste de femme. Fabrique de Pesaro.

139 — Deux grands vases dont les anses sont formées de serpents enlacés, qui prennent naissance dans la chevelure de mascarons; sur le devant est peinte une figure allégorique assise et deux génies qui déroulent l'inscription.
140 — Deux autres pareils.
141 — Deux petits vases forme cornet sur lesquels est peint le même sujet que sur les grands vases.
142 — Deux autres pareils.
143 — Une coupe moyenne grandeur à piédouche, à reflets; elle est couverte d'ornements; dans le fond se trouve un petit buste de femme.
144 — Une écritoire en faïence italienne de la fabrique d'Urbino; les angles sont ornés de quatre anges ou génies se terminant en queues de dauphins; sur les côtés sont deux tiroirs également en faïence; à l'intérieur sont peints les ustensiles propres à écrire.
145 — Une fontaine où s'abreuvent des chèvres; le berger, jouant de la cornemuse, est assis sur le sommet. Cette pièce est en faïence en couleur d'Urbino.
146 — Petit cavalier Saint-Georges en faïence verte italienne. Elle est de la fin du XVe siècle.
147 — Un grand vase à deux anses, forme étranglée par le haut, à reflets métalliques. Ancienne fabrique de Pesaro.
148 — Un autre du même genre.

149 — Une écuelle à pied et à couvercle en terre émaillée en vert; sur le couvercle sont des têtes de chérubins en relief. Fabrique allemande.

150 — Deux grands vases en faïence italienne forme Médicis; le couvercle et le piédouche, en terre cuite sans émail, sont peints et dorés; sur l'un se trouve représenté le sujet du Triomphe d'Amphitrite; sur l'autre un embarquement.
Ils sont signés Bas. Terchi Romano.
Hauteur : 75 centimètres.

151 — Grande aiguière de même fabrique. L'anse est formée par une cariatide de femme renversée, le goulot par un grand mascaron; sur la panse émaillée est peint un site dans le genre de Salvator Rosa.
Hauteur : 68 centimètres.

152 — Un vase à large panse et de forme ovoïde représentant deux sujets : l'un mythologique, l'autre sacré; celui-ci est le sujet de la Samaritaine au Puits.

153 — Une plaque représentant le sujet de la Crèche, et dans le fond l'Annonciation aux bergers. Faïence à reflets et à reliefs de l'ancienne fabrique de Pesaro.

154 — Une armoirie représentant un lion debout sur une table, en faïence en couleur.

155 — Deux petits bustes de femme en faïence italienne en couleur.

156 — Un petit buste de femme en terre cuite; la tête est coiffée dans le style du XVIe siècle.

Cette sculpture est dans la manière d'Albert Durer.

157 — Un buste en terre cuite représentant saint Jean-Baptiste. Ébauche attribuée à Donatello.

158 — Bas-relief en faïence en couleur d'Urbino; il représente le sujet de l'Adoration des Mages. Cette pièce est de la plus ancienne fabrication. Un des rois Mages porte le costume de la fin du xv° siècle.

159 — Un médaillon représentant une figure drapée à mi-corps en relief, émaillée en couleur sur fond blanc; l'encadrement est formé par une guirlande de feuilles et de marguerites.

160 — Médaillon en terre cuite émaillée de Lucca della Robbia, représentant la Vierge et l'Enfant Jésus entourés d'une guirlande de fruits coloriés. Cette jolie pièce est d'une très petite dimension; la guirlande et le sujet sont d'une seule pièce.

161 — Sculpture en très haut relief, en terre cuite émaillée de La Robbia l'Ancien (dit Luca), représentant la Vierge en pied et assise, tenant l'Enfant Jésus debout sur ses genoux; elle est placée sous une double arcade en plein cintre formée de têtes de chérubins et d'une guirlande de fruits et de feuillages en couleur; la draperie et le fond, formant niche, sont émaillés en bleu, le reste en blanc. Cette pièce se recommande par son grand style, son extrême finesse d'exécution et

la beauté de son émail; elle repose sur un soubassement d'un très beau goût d'ornementation également en terre émaillée bleu et blanc.

Hauteur : 132; largeur 95 cent.

162 — Bas-relief de Luca della Robbia, représentant la Décollation de saint Jean en présence d'Hérodiade. Cette pièce, d'un seul morceau, est d'une petite dimension.

163 — Très petite figure de Saint-Jean-Baptiste, de Luca della Robbia, en pied et en ronde-bosse; elle est adossée à un fond de paysage émaillé de diverses couleurs, dans lequel se voient des brebis et des lapins. La draperie seule du Saint-Jean est émaillée en bleu.

164 — Bas-relief de petite dimension émaillé blanc sur fond bleu, sujet de la Crèche : la Vierge, saint Joseph et l'Enfant Jésus; il est cintré par le haut.

165 — Six morceaux cintrés en terre cuite émaillée bleu et blanc, d'Andrea della Robbia. Ils proviennent d'une très grande arcade en plein cintre; les ornements, dans le style de la renaissance, sont d'une très belle exécution.

166 — Une figure d'ange agenouillé tenant un coffret; les draperies sont émaillées de diverses couleurs, les chairs sont réservées; elle a servi de candelabre.

167 — Une figure debout de saint, entièrement émaillée; elle est vêtue d'une robe noire, elle tient un livre; sur sa poitrine est une tête de chérubin émaillée en blanc.

168 — Deux anges agenouillés tenant des vases, émaillés en blanc sur terrasse verte. Ces figures ont servi de candelabres.

169 — Une grande tête de lion ayant servi de fontaine, en terre émaillée; elle est encadrée et dans un anneau également en terre émaillée.

170 — Un médaillon au milieu duquel est une tête de chérubin de grandeur naturelle, émaillée en blanc sur fond bleu.

171 — Un cul-de-lampe en terre émaillée blanc, au milieu une tête de chérubin entre deux cornes d'abondance.

172 — Un cul-de-lampe en terre émaillée; sur le devant, un écusson bleu avec trois masques de lion émaillés en jaune.

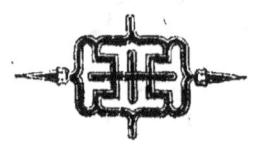

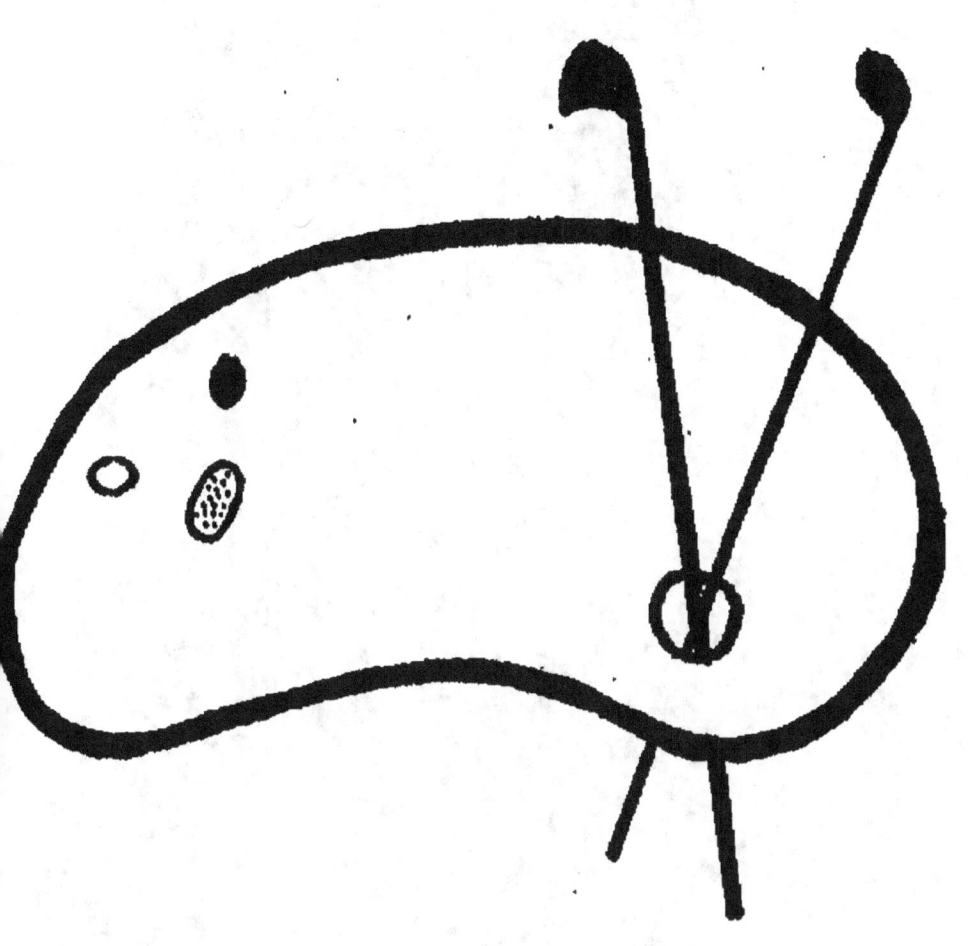

ORIGINAL EN COULEUR
NF Z 43-120-8

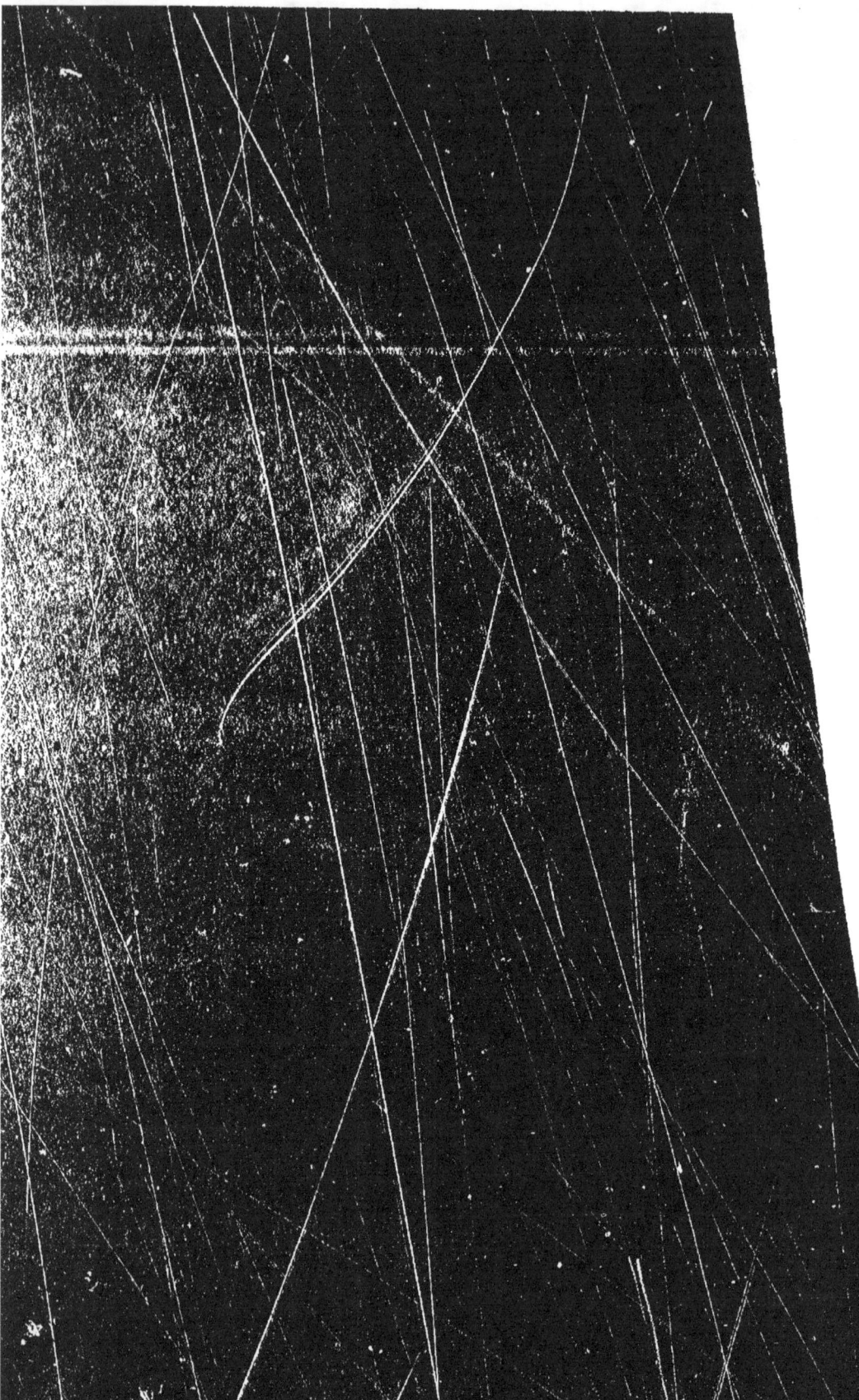

www.ingramcontent.com/pod-product-compliance
Lightning Source LLC
Chambersburg PA
CBHW030107230526
45471CB00003B/1296